太空学徒

证件编号：

贴上你
的美照

姓名：

原理号日记

使用手册

著者：[英] 露西·霍金
译者：谭莫衡

湖南科学技术出版社·长沙

欢迎你！
太空探险家！

2015 年 12 月 15 日，欧洲航天局的英国宇航员提姆·匹克跟随历史性的太空任务原理号进入太空。提姆在任务的整个过程中都非常努力，他必须让身体保持健康、强壮，为国际空间站上的生活、实验，以及从太空研究地球做好准备。

现在提姆已平安返回地球，他需要你的帮助。他需要像你这样的太空学徒帮助他完成太空冒险经历的报告。你将追随他从训练到返回地球的整个过程，记录这一伟大的航程。这是你的原理号太空日记，你要在上面记录自己的发现，我希望这将开启你的太空探险之旅！

祝你好运！
露西·霍金和航天组成员

太空词汇

在你完成太空日记的同时，请睁大眼睛留意碰到的新单词。它们是什么意思？你能用新学到的太空领域的单词创建一个更长的词汇表吗？

宇航员（Astronaut）　　进入太空的人！俄语中的写法是"Cosmo naut"。

重力

联盟号

索科尔

国际空间站

原理号

发射前：
招募宇航员

宇航员必须强壮、健康，为进入太空做好万全的准备。在进入国际空间站之前，提姆已经为这项航天任务进行了 4 年的训练！

宇航员 体能训练！

这个充满活力的体能训练会让你为太空之旅做好准备！完成每一项训练并记录你的成绩。

你还知道什么运动项目能作为太空之旅的准备训练吗？创建你自己的体能训练项目并同你的朋友一起尝试下吧！

1. 跃向月球

你能够在 30 秒内跳跃多少下呢？

成绩：_____

2. 飘浮

你需要习惯在太空中飘浮的状态。腹部着地趴在地上，像飞机一样伸展你的四肢。你能维持这一姿态 30 秒吗？

 可以　 不能

3. 平衡

宇航员需要有良好的平衡感。你单腿站立能保持多久呢？如果你觉得这很简单，试试看蒙住眼睛、堵住耳朵又会有怎样的表现呢？

左腿：＿＿＿＿＿＿＿＿＿

右腿：＿＿＿＿＿＿＿＿＿

4. 拉伸

你在太空中会长高呢！你的手能伸到头顶上方多高呢？

成绩：＿＿＿＿＿厘米

5. 呼吸

你需要保持头脑清醒以应对在太空中可能发生的各种情况。慢慢地吸气、呼气 1 分钟。你是否放松下来，准备好起飞了呢？

☐ 是的，让我们起飞吧！　　☐ 还没，还要试一次！

人体在太空中

嗨，大家好！

我是马可，我负责帮助像你一样的宇航员们，去了解人体在太空中会有怎样的变化。你能先帮我找出这些说法中，哪五个是正确的吗？

10. 添加一个你自己的问题，考考你的朋友们！

当你步入太空，
你会发现……

	正确	错误
1. 你变高了。	☐	☐
2. 刚进入太空的前几天， 　你可能感觉到恶心。	☐	☐
3. 你的拇指掉了。	☐	☐
4. 你的眼球变形了。	☐	☐
5. 你的骨头变得脆弱了。	☐	☐
6. 你的耳朵变成紫色了。	☐	☐
7. 你的全身长满了毛发。	☐	☐
8. 你的脸变肿了。	☐	☐
9. 太空中你不能拉臭臭！	☐	☐
10.	☐	☐

太空盛宴

菜单

宇航员需要均衡饮食。你能画出你在太空中的第一餐饭吗？要确保它包含了一名健康的太空旅客所需各种营养成分。

设计宇航服

是时候设计
你自己的宇航服了！

你可以随心所欲地设计
你的宇航服，但别忘了
包括那些能够让你正常
呼吸、交流以及保护你
免受伤害的功能。

宇航员测试！

关于做一名宇航员你都学到了哪些内容？设计一份你自己的测试题，考考你的朋友们吧！

正确
还是
错误？

第一章
跟地球说再见

欢迎来到发射台！

是时候把地球抛在身后了。

请准备好起飞——

我们即将重走提姆·匹克的太空之旅！ 现在，倒

计时已经开始……

发射时间到！

我是维妮塔！今天是 2015 年 12 月 15 日，提姆·匹克升空的日子。帮我们一起讲述他的故事吧。你能帮忙把时间加到时钟上，并画出缺失的场景吗？

今天是原理号的发射日！
提姆已经准时抵达发射场。
时间：

8:33 AM

20分钟后·········
提姆进入联盟号。

任务控制中心通知所有车辆：
现在是上午10：48，请所有车辆撤离发射场并做好发射前准备！

14

11:03 AM

发射升空9分钟后，联盟号载人飞船与火箭成功分离！

哇！经过6小时10分钟，联盟号终于和国际空间站会合啦！

__ __ : __ __ PM

晚上7点舱门打开，提姆登上国际空间站，刚好赶上用晚餐！

15

8 分钟
抵达太空

升空！从发射到绕轨道飞行，提姆·匹克以及他的队友提姆·科普拉和尤里·马伦琴科大约用了 8 分钟时间。想象一下如果你也在那里，第一次被发射到一片漆黑的太空，会是一种怎样的感觉呢？

当我们的飞船发射升空时，我感到⋯

——— —— —— —— —— —— —— —— —— —— —— —— ——

—— —— —— —— —— —— —— —— —— —— —— —— ——

—— —— —— —— —— —— —— —— —— —— —— ——

—— —— —— —— —— —— —— —— —— —— —— ——

—— —— —— —— —— —— —— —— —— —— —— ——

—— —— —— —— —— —— —— —— —— —— —— ——

—— —— —— —— —— —— —— —— —— —— —— ——

—— —— —— —— —— —— —— —— —— —— —— ——

—— —— —— —— —— —— —— —— —— —— —— ——

—— —— —— —— —— —— —— —— —— —— —— ——

—— —— —— —— —— —— —— —— —— —— —— ——

—— —— —— —— —— —— —— —— —— —— —— ——

—— —— —— —— —— —— —— —— —— —— —— ——

—— —— —— —— —— —— —— —— —— —— —— ——

快速交会

必须完美地计划联盟号飞船和国际空间站在太空中的会合时间，这叫做一次"交会"。搭载提姆·匹克和他的伙伴的联盟号完成了一次快速交会。你能帮我们写一份详细的报告吗？

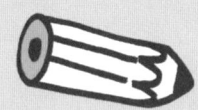

追踪联盟号的轨迹，找出提姆围绕地球轨道转了几圈。

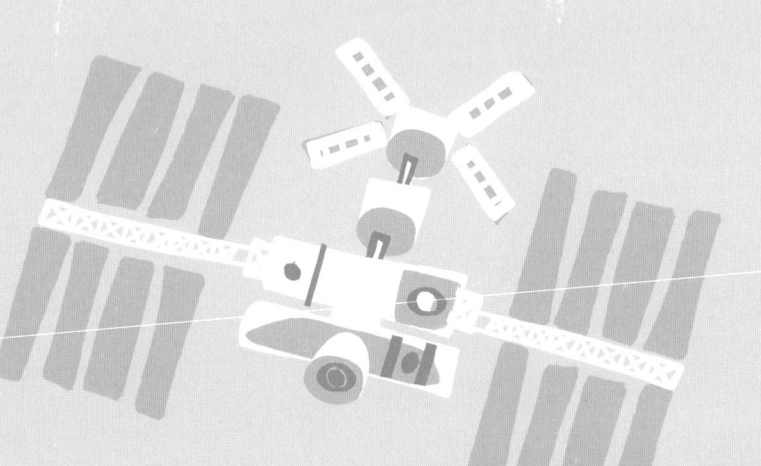

（你可以借助本章伊始，活动 1.1 发射时间到的那组卡通图，找到一些问题的答案）

"联盟号" TMA-19M
交会报告

提姆·匹克和他的队友们，＿＿＿＿＿＿＿＿＿＿＿＿＿

来自美国，＿＿＿＿＿＿＿＿＿＿＿＿＿＿＿＿＿＿＿＿

＿＿＿＿＿来自俄罗斯，于 2015 年 ＿＿＿ 月 ＿＿＿ 日 ＿＿＿：

＿＿＿＿ 被准时送入太空。他们的飞船围绕地球轨道运转了

＿＿＿＿ 圈，从升空到对接刚好用时 ＿＿＿ 小时 ＿＿＿ 分钟。

这一过程被称为一次快速＿＿＿＿＿＿＿＿＿＿＿＿＿＿

＿＿＿＿。

19

第一章
词汇找找看

找出那些你在本章中学到的单词。
注意：单词可能是正着写、倒着写或斜着写的。

U	N	L	W	Z	T	N	N	T	R
W	J	E	L	K	O	T	M	F	B
U	B	T	J	I	F	I	N	A	H
T	J	Z	S	M	L	B	A	R	Q
W	E	S	V	A	J	R	X	C	M
Z	I	K	U	Y	A	O	S	E	S
M	S	N	C	Y	J	V	J	C	O
G	C	I	R	O	C	E	A	A	Q
H	R	O	V	H	R	V	F	P	Y
D	S	O	Y	U	Z	U	Z	S	X
U	P	G	V	S	T	I	J	H	U

你能发现以下 6 个字母作为开头的单词吗？

L M O R S S

第二章：
太空交谈

宇航员在国际空间站讲哪种语言呢？

你如何向世人描述太空生活是什么样子？当收到一条用代码写成的神秘信息，你该怎样做呢？

相聚外太空

欢迎来到国际空间站！
哪些国家／地区已经向国际空间站派驻了宇航员呢？
你能为其中一个国家／地区制作一张航天信息卡吗？

欧洲航天局 (ESA)

国家／地区： 欧洲。

问候语： Bonjour（法语）, Hello（英语）。

第一位宇航员： 乌尔夫·梅博德（德国），1983 年 11 月 28 日。

在太空中的时间： 萨曼莎·克里斯托福雷蒂（意大利）创造了女性单人飞行的最长记录：199 天 16 小时。

牛人牛事： 提姆·匹克是首位由欧洲航天局派驻的英籍宇航员。

国家 / 地区：

问候语：

第一位宇航员：

在太空中的时间：

牛人牛事：

Hallo! Privyet! Konnichiwa! 现在是结识来自世界各地的宇航员伙伴们的时间！

23

爆炸性新闻！

不是每个人都有机会去太空，所以和地球上的人分享你的经验就显得尤为重要。

我是辛迪，主要帮助在地球上的人们了解太空和科学。你能写一篇关于"提姆在太空的第一天"的新闻报道吗？需要包括一张照片哟！

国际空间站日报

日期：

地球呼叫
原理号

嗨，我是贝蒂，欧洲航天局飞行任务主管。我的工作就是保持地球和国际空间站之间的联系。我刚收到这条消息！你能帮我解码吗？

在你填写字母时，你能看出其中的规律了吗？

A	E
B	
C	
D	H
E	I
F	
G	
H	L
I	
J	
K	N
L	
M	P
N	
O	S
P	
Q	
R	
S	
T	
U	
V	
W	A
X	
Y	
Z	

Ebiil!

Fp / qefp / Mixkbq / Bxoqe?

Fq'p / x / ybxrqfcri / sfbt / colj / rm / ebob.

Qfj / Mbxhb,

pfdkfkd / lcc!

He__ __ __!

__ s / t __ i __ / P __ an __ __ / __ __ r __ __ ?

__ __ ' __ / __ / b __ __ __ __ __ __ fu __ /

v __ __ w / f __ __ __ / __ __ / __ __ __ __ .

__ __ m / __ __ __ k __ ,

__ __ g __ __ __ g / o __ __ !

第二章
词汇找找看

找出那些你在本章中学到的单词。

注意：单词可能是正着写、倒着写、或是斜着写的。

F	M	O	E	H	W	M	R	A	A
Z	J	A	T	W	E	K	S	I	B
G	Q	R	G	S	R	T	P	T	M
B	A	V	S	R	R	I	C	N	V
E	Z	A	D	O	C	A	R	D	V
F	G	E	N	N	T	G	J	J	O
E	U	A	I	N	H	B	F	V	P
H	U	R	O	E	D	O	C	E	D
T	P	C	L	R	J	Z	J	B	F
U	G	S	J	E	Q	B	G	I	E
U	B	V	C	E	W	X	R	A	Q

你能发现以下面 6 个字母开头的单词吗？

A C D E M P

第三章：
亲眼看太空

　　你的新家，国际空间站，是在太空中精心搭建起来的一个复杂结构。通过探索国际空间站的每一部分并绘制图纸来更好的了解它。别忘了窗户，从太空望去，有太多的美景等着你！

你的新家

国际空间站是你的新家。
这个令人惊叹的结构是使用从地球发送过来的组件在
太空组装起来的。仔细观察可以发现，国际空间站包
含很多在地球上也能看到的形状。

国际空间站的每一个部分都有其特定的功能。你能发现每一个部分
都是做什么的吗？

"桁架"是一些长的横梁和三角形结构，它们将国际空间站连接
在一起。三角形结构提供 _____，确保桁架可以把巨大
的国际空间站连接在一起。

球体区域和罐状区域是宇航员们_____ 和
_____ 的地方。这些区域都是加压的，就像一罐
汽水。

这些大的长方形面板是太阳能电池板，用来收集_____
并把它转化成_____。

这些小一些的长方形面板是热辐射装置，用来释放掉国际空间站
所产生的_____。

机械手臂很长，可以弯曲，所以它可以延伸到国际空间站周围，
并维修外面的那些部分。它可以搬运近 10 万千克的设备！如果
一只大象的体重是 5000 千克，那么机械手臂可以举起多少只大
象呢？_____

图例

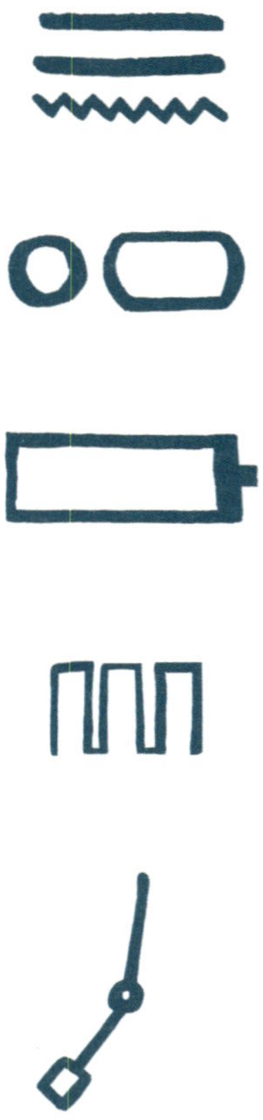

用来支撑的桁架
≡∿

生活和工作组件
○▭

太阳能电池板
用来产生能量
▯

热辐射装置
用来释放热量
ЛЛЛ

机械手臂
用来维修保养
⊸◇

绘制你的空间站

现在你对新家的各个部分都有了一些了解，我们需要你的设计天赋和工程技能，来为你的新家画一张图纸。

用你选定的颜色为所有的组件着色。

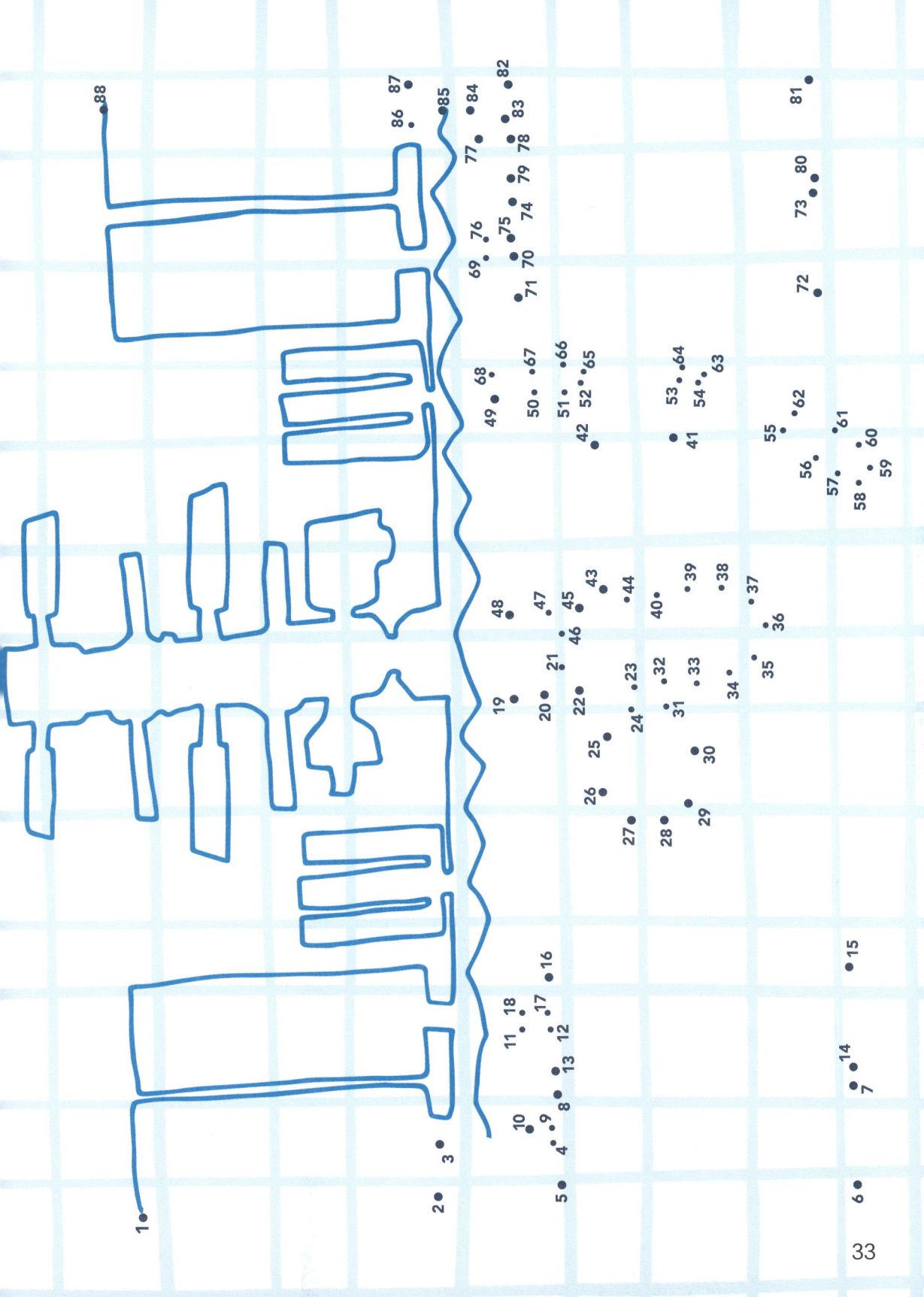

从太空凝望地球

提姆从太空看到了令人惊叹的地球景色。
他可以看到海洋、山脉、沙漠和城市。
现在，轮到你来观察我们壮观而美丽的母星了！

我的旅行博文

太阳系

为太阳系中的行星涂颜色，然后为每一颗行星写一份简短报告说明基本情况。

这将帮助你了解我们能去探索哪些星球。

水星

地球

金星

火星

第三章
词汇找找看

找出那些你在本章中学到的单词。

注意：单词可能是正着写、倒着写、或是斜着写的。

T	R	U	S	S	E	S	T	V	X
E	R	U	T	C	U	R	T	S	F
S	K	L	I	D	S	N	C	J	D
T	F	E	Q	O	M	I	W	T	D
E	Y	D	Y	F	T	I	X	V	Z
N	V	U	P	O	V	X	B	T	W
A	S	R	B	N	E	H	P	Q	Q
L	T	O	E	U	G	U	T	S	D
P	R	B	E	S	Y	E	E	O	Y
D	Q	E	I	K	B	O	L	M	H
V	R	A	J	H	C	O	V	A	D

你能发现以下面 6 个字母开头的单词吗？

K O P R S T

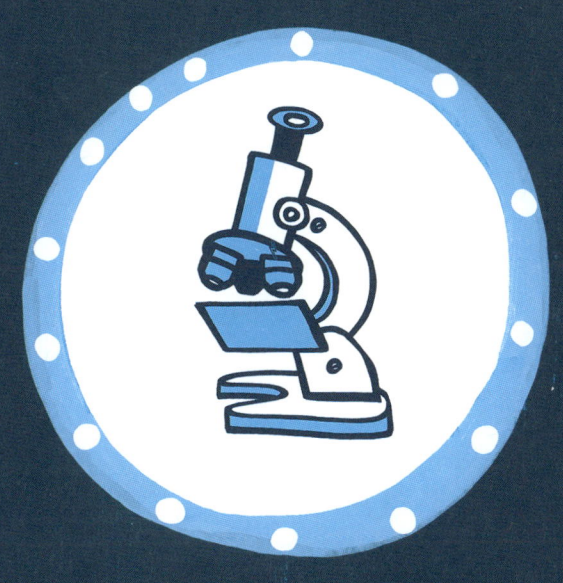

第四章
太空科学

国际空间站不仅仅是一艘太空飞船和宇航员在太空的家，它还是宇航员进行太空实验的实验室。你能帮提姆完成一些科学发现吗？

太空种植

在原理号太空任务期间，英国各地的学生纷纷用提姆从太空带回的种子种植芝麻菜。你知道吗，欧洲航天局的科学家已经确定了其他九种适合在太空中生长的可食用植物。猜猜它们都是什么？

大家好，我是利比，我负责协调在国际空间站进行的实验。你能找出哪些可食用植物适合在太空中生长吗？把你的教室变成太空实验室，试试种植这些植物吧！在这里画出你的植物并为它立上标签。

在太空中溅起水滴！

宇航员和我们在地球上一样，都需要水来清洁牙齿、洗手、饮用和备餐。

用绘画或者写作的方式描述一滴水的生命周期，展示宇航员在国际空间站上如何使用和回收再利用这种珍贵的液体。从一名宇航员喝下一杯水开始。接下来会发生什么？

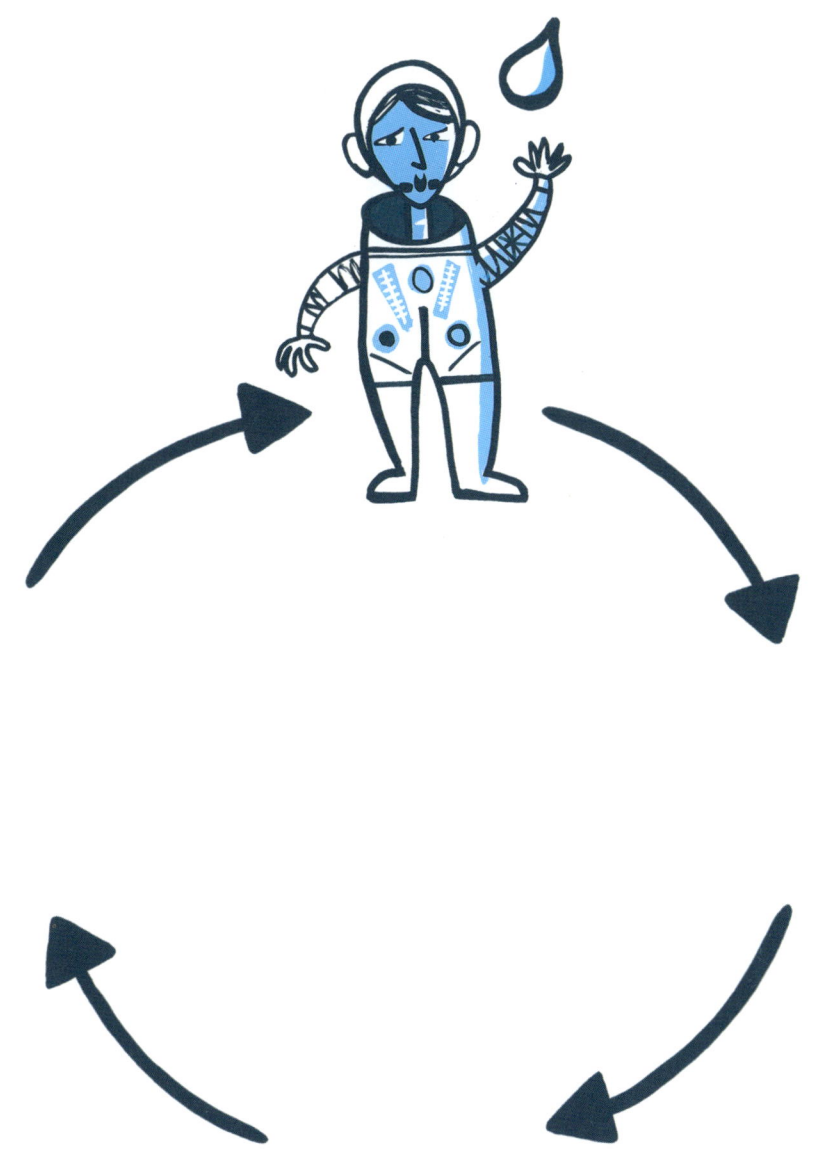

设计你的实验

提姆在国际空间站做了很多实验，比如急速旋转，来看自己在太空中是否会感到头晕。现在，是时候去做你的第一个实验了！。

我想知道：

- -

我将需要用到以下材料：

- -

我的实验方法是：

- -

我预计：

- -

你的实验会是什么样子？把它画下来并做好注释吧。

第四章

词汇找找看

找出那些你在本章中学到的单词。

注意：单词可能是正着写、倒着写、或是斜着写的。

Y	Z	E	U	A	Y	M	N	E	Y
U	R	Q	L	Q	A	A	D	E	R
M	B	O	G	Z	N	M	L	S	E
V	E	J	T	Z	G	C	G	K	V
Y	G	T	W	A	Y	S	W	J	O
B	Y	D	H	C	R	W	Y	K	C
O	Q	Y	E	O	V	O	I	I	S
B	V	F	G	U	D	A	B	I	I
D	I	A	G	R	A	M	H	A	D
L	P	A	E	D	A	J	N	D	L
T	N	E	M	I	R	E	P	X	E

你能发现以下面 6 个字母开头的单词吗？

D D E L L M

第五章
勇往直前

你已经成功抵达国际空间站，从太空凝望地球，和提姆一起做实验，所以……接下来干点什么呢？

书写历史

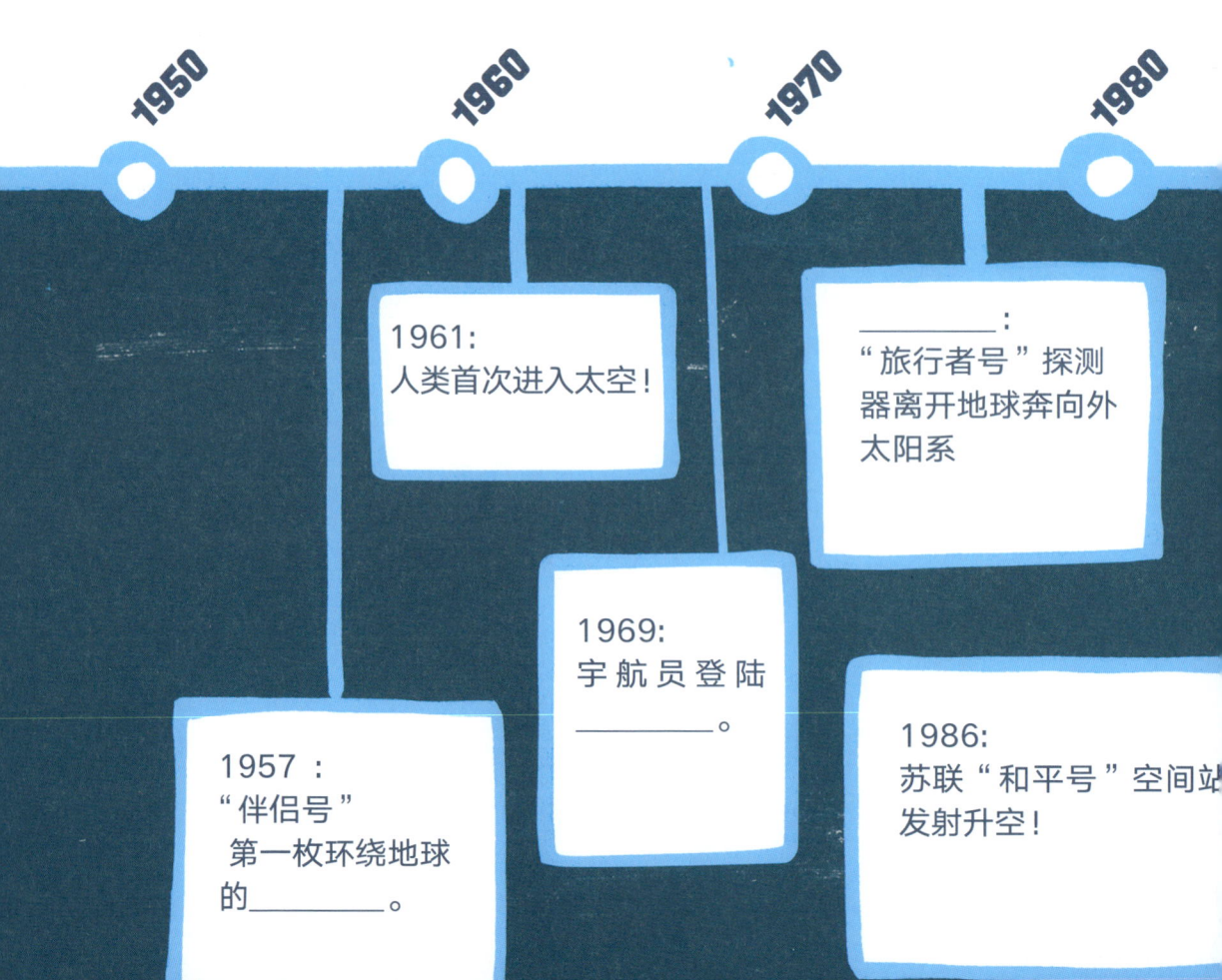

1950

1960

1970

1980

1961:
人类首次进入太空!

_____:
"旅行者号"探测器离开地球奔向外太阳系

1969:
宇航员登陆
_____。

1957 :
"伴侣号"
 第一枚环绕地球的_____。

1986:
苏联"和平号"空间站发射升空!

第一批宇航员于 2000 年抵达国际空间站，这是在你出生前多少年？完成如下时间轴，在上面加上你的家人、朋友和你自己的生日，找出你的生日在这个时间轴上的位置。

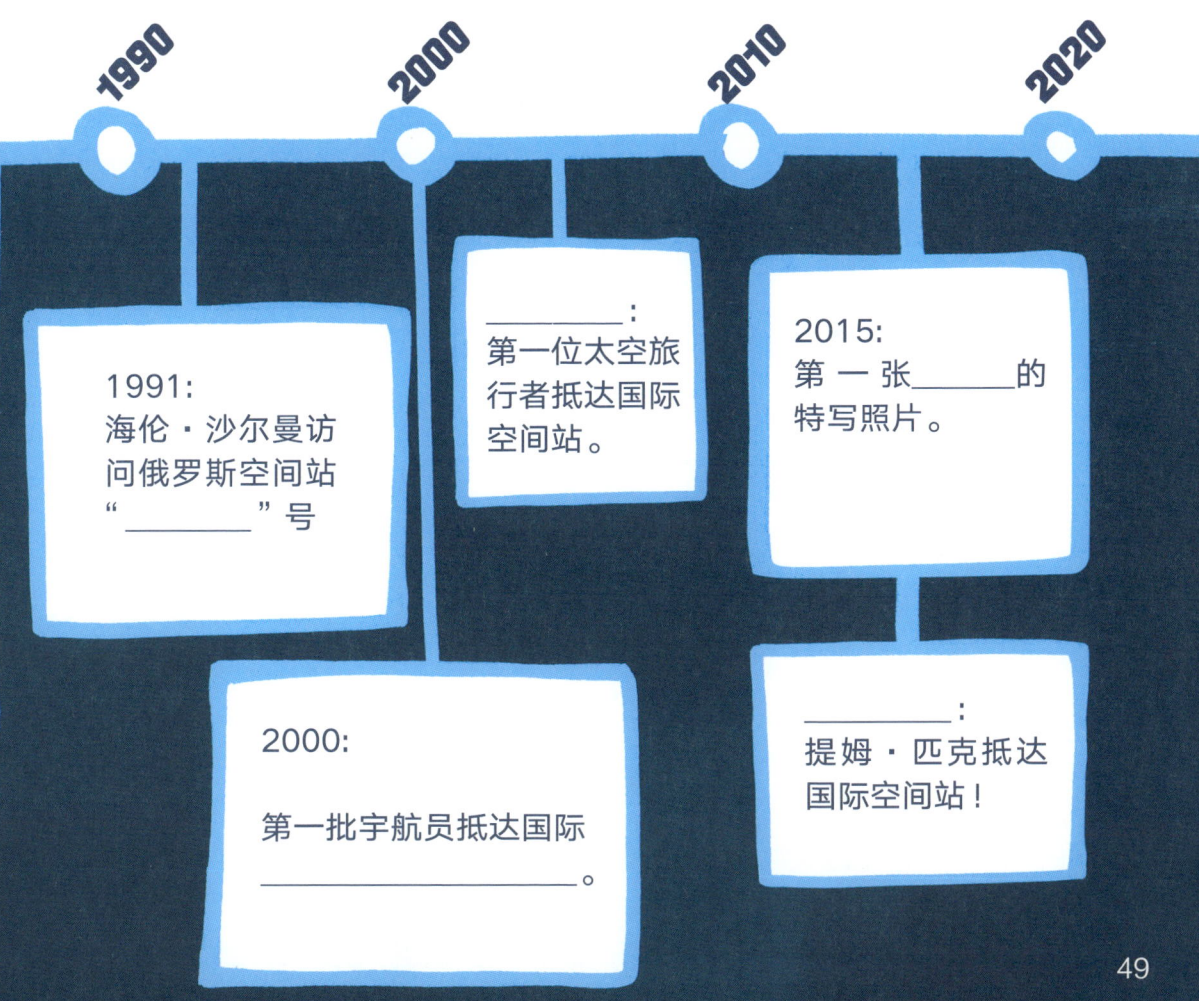

1990

2000

2010

2020

1991：
海伦·沙尔曼访问俄罗斯空间站"_____"号

_____：
第一位太空旅行者抵达国际空间站。

2015：
第一张_____的特写照片。

2000：
第一批宇航员抵达国际_____。

_____：
提姆·匹克抵达国际空间站！

49

太空定居点

是时候拜访你的太空邻居了。
回到你的太阳系报告，选择一颗行星来建造新家。把你
的太空城画在这里，别忘了画上那些能帮助你在该星球
条件下生存的必需品。

太空机器人

机器人在太空中真的非常有用。它们可以做很多不同的工作，其中有些工作对人类来说太难或太危险了。你会选用哪种机器人来探索你的新家呢？

太空探测器
探测设备

火星漫游车
勇敢的探险家

机器宇航员
你的机器人朋友

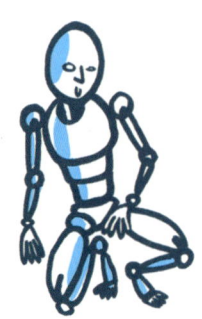

太空望远镜
远距离摄影师

月球车
人类运载器

月球公交车
太空巴士

第五章
词汇找找看

找出那些你在本章中学到的单词。
注意：单词可能是正着写、倒着写、或是斜着写的。

P	B	G	R	E	P	O	R	T	C
P	T	M	V	N	C	L	I	M	X
G	F	H	I	I	S	Q	M	K	Y
E	W	R	M	L	W	E	H	L	K
Q	C	S	I	E	D	A	P	P	J
K	O	I	W	M	B	C	R	U	S
C	O	N	D	I	T	I	O	N	S
F	Z	U	T	T	M	A	B	L	U
J	Q	A	U	T	X	A	E	U	K
I	T	C	Y	A	L	W	N	W	N
C	P	T	V	R	Q	H	F	N	L

你能发现以下面 6 个字母开头的单词吗？

C C H P R T

第六章
任务尾声

宇航员！分别的时候到了。你的任务已接近尾声，不过你还需要平安返回地球。

依照下面的步骤规划你的归家之旅，准备再次成为一个地球人……

重返地球

是时候告别空间站了！你已经搭乘联盟号飞船离开国际空间站，准备降落了。抓紧扶手——迎接你的将会是一段颠簸的旅程。

我是理查德，一名太空垃圾专家。请帮助我引导返回舱返回地球，不要和任何漂浮碎片发生碰撞。

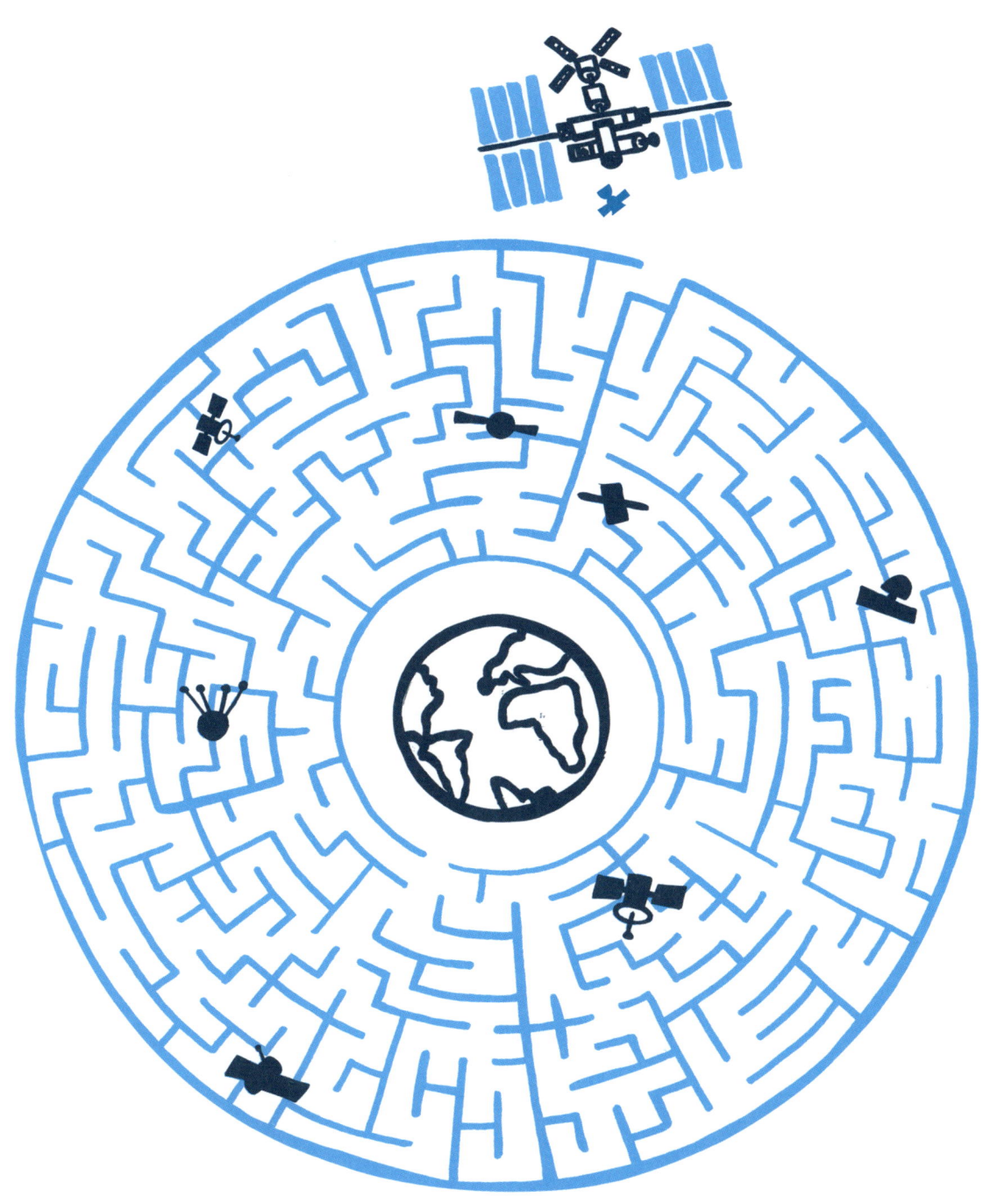

回家之旅

2016 年 6 月 18 日，提姆乘坐的"联盟"号着陆舱安全地着陆在哈萨克斯坦的一片沙漠中。提姆被送到位于拜科努尔发射场，然后被转送到德国科隆，在那里他度过了返回地球后的第一个夜晚。 你会在哪里着陆？ 在坚实的大地上还是海上？ 绘制一张从你的着陆点回家的路线地图。

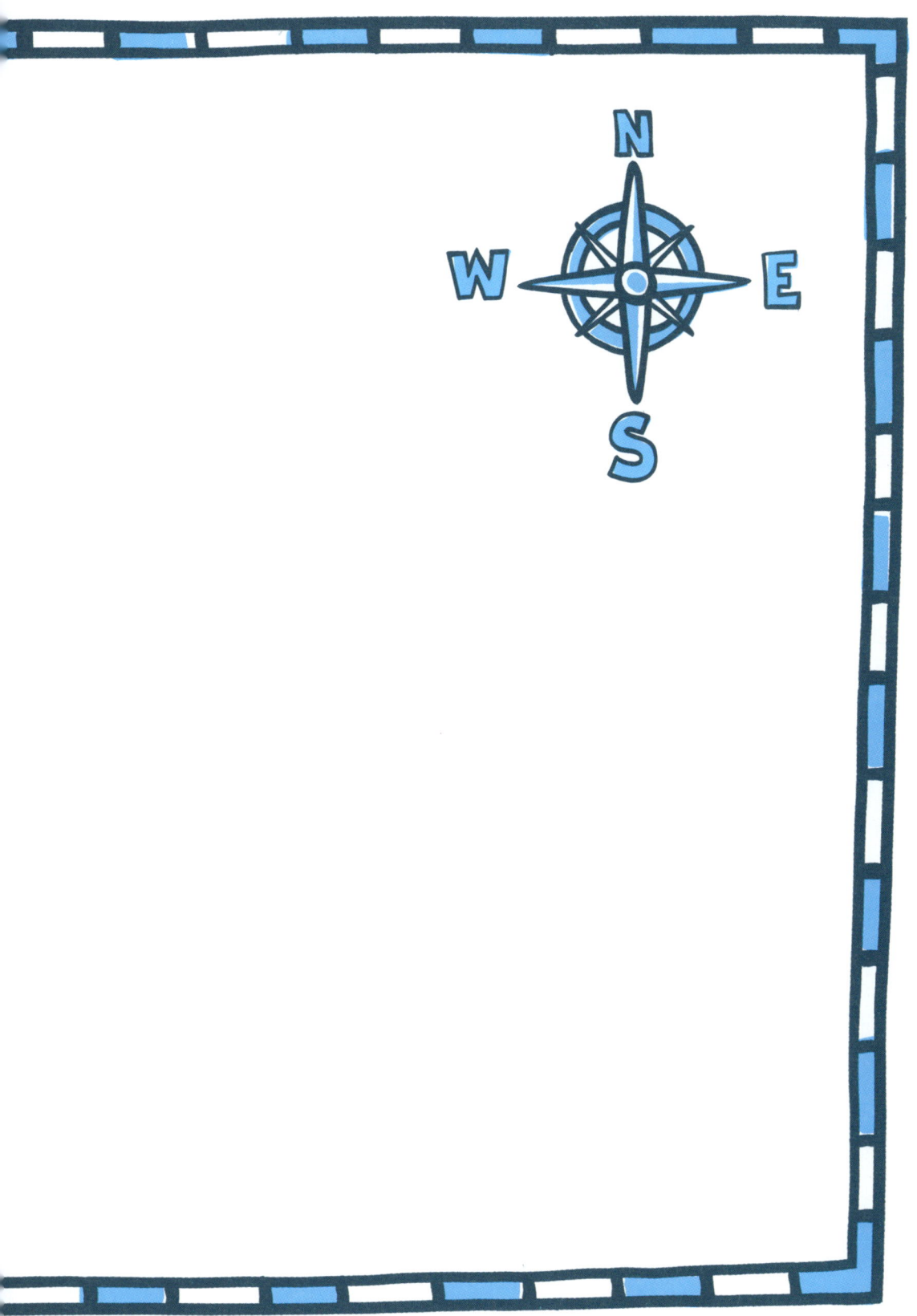

寄往太空的明信片

真是个了不起的任务！你返回了地球，迫不及待地想和家人、朋友分享你的太空经历。但先给你在国际空间站的伙伴们写张明信片吧，让他们知道你已平安归来。

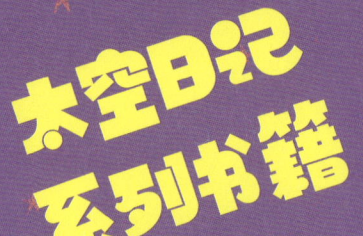

" 和其他的 STEM 教学资源相比，我高度评价
这套书籍。这套书的结构合理，插图有趣。孩
子们可以把自己照片贴在首页，让他们觉得书
是属于他们的，他们拥有这本书。 "

——道恩·麦克福尔
英国小学教师

启发每个孩子，让他们像科学家一样思考！

Discoverydiaries.org

图书在版编目（CIP）数据

原理号日记：使用手册 / (英) 露西·霍金著；谭莫衡译.—长沙：湖南科学技术出版社, 2025.3
（太空日记）
ISBN 978-7-5710-2789-6

Ⅰ. ①原… Ⅱ. ①露… ②谭… Ⅲ. ①科学知识—小学—教学参考资料 Ⅳ. ①G624.63

中国国家版本馆 CIP 数据核字(2024)第 058374 号

湖南科学技术出版社获得本书中文简体版出版发行权。
著作权合同登记号：18-2024-106

YUANLI HAO RIJI: SHIYONG SHOUCE
原理号日记：使用手册
著　　者：[英]露西·霍金
译　　者：谭莫衡
出 版 人：潘晓山
责任编辑：王梦娜 李 蓓 孙桂均
营销支持：周　洋
出版发行：湖南科学技术出版社
社　　址：长沙市芙蓉中路 416 号
网　　址：http://www.hnstp.com
湖南科学技术出版社天猫旗舰店网址：
　　　　　http://hnkjcbs.tmall.com
邮购联系：本社直销科 0731-84375808
印　　刷：长沙玛雅印务有限公司
厂　　址：长沙市雨花区环保中路 188 号国际企业中心 1 栋 C 座 204
邮　　编：410000
版　　次：2025 年 3 月第 1 版
印　　次：2025 年 3 月第 1 次印刷
开　　本：710 mm*1000 mm　1/16
印　　张：4.25
字　　数：33 千字
书　　号：ISBN 978-7-5710-2789-6
定　　价：35.00 元